GUÍA DE LECTURA

Escrita por Nathalie Roland
Traducida por Tamara Montes Blanco

Blancanieves

de los hermanos Grimm

JACOB Y WILHELM GRIMM

LINGÜISTAS Y ESCRITORES ALEMANES

- **Jacob (1785-1863) y Wilhelm (1786-1859) Grimm nacieron en Hanau (Alemania)**
- **Fallecieron en Berlín (Alemania)**
- **Algunas de sus obras:**
  - *Cuentos de niños y del hogar* (1812-1815), cuento
  - *Leyendas alemanas* (1816), leyendas
  - *Diccionario alemán* (1861), diccionario

Jacob (1785-1863) y Wilhelm (1786-1859) Grimm son dos hermanos de origen alemán. Se interesaron por la cultura germánica en todas sus formas: la gramática y la historia de la lengua alemana (*Gramática alemana*, 1819-1837 y *Diccionario alemán*, 1838-1861), los mitos (*Leyendas alemanas*, 1816-1818) y los cuentos populares, los orígenes del derecho, etc.

También contribuyeron a dar a conocer y a fijar el texto de las historias que se narraban de forma oral entre el pueblo llano como *El sastrecillo valiente*, *Los músicos de Bremen*, *Hänsel y Gretel* o *Rapónchigo*. Además versionaron otros cuentos que ya se habían hecho populares gracias a Charles Perrault (*La Cenicienta*, *La Bella Durmiente* o *Caperucita Roja*).

BLANCANIEVES

UN MITO DE ÉXITO UNIVERSAL

- **Género:** cuento
- **Edición de referencia:** Grimm, Jacob y Wilhelm Grimm. 1985. *Cuentos de niños y del hogar*, vol. 1 y 2. Traducido por María Antonia Seijo Castroviejo. Madrid: Ediciones Generales Anaya
- **Primera edición:** 1812
- **Temáticas:** celos, belleza, muerte, ingenuidad, infancia, adultez

El mito de *Blancanieves* (*Schneewittchen*), de origen germánico, es conocido en toda Europa desde hace varios siglos en múltiples versiones (*Bella Venecia* en Italia o *Árbol de Oro y Árbol de Plata* en Escocia). Los primeros en transcribirlo fueron los hermanos Grimm en *Cuentos de niños y del hogar* (1812-1815), y en él se cuenta la historia de una princesa de excelsa belleza que sufre los celos que su madrastra, dispuesta a matarla para poder ser la más hermosa del reino. Alude al paso de niña a mujer y la competencia madre-hija.

RESUMEN

Un día de invierno, una reina se pinchó el dedo mientras cosía. Entonces tuvo un deseo: anheló tener «una hija tan blanca como la nieve, tan roja como la sangre y tan negra como la madera del marco [de la ventana]» (Grimm y Grimm 1985, 141). Poco después, su ambición se vio satisfecha: trajo un bebé al mundo, pero murió al dar a luz.

Un año después del fallecimiento de su esposa, el rey se volvió a casar. Esta vez con una mujer orgullosa, que no soportaba que hubiera nadie más hermoso que ella; por eso le preguntaba continuamente a su espejo mágico: «¿Quién es la más bella del país?». Infatigablemente, el espejo le respondía que era ella.

A medida que la joven Blancanieves crecía, se iba haciendo cada vez más bella. Así, un día, cuando la reina le preguntó a su espejo, este le contestó que ella era hermosa, pero que la princesa, de apenas siete años, lo era aún más.

La reina, que sentía celos de la niña, ordenó a un cazador que llevara a Blancanieves al bosque, la matara y le trajera «[...], como prueba, [...] los pulmones y el hígado» (Grimm y Grimm 1985, 143). Pero el cazador, una vez llegó al bosque, no se vio capaz de llevar a cabo la tarea: conmovido por la inocencia de la niña, dejó que esta huyera. La prueba que llevó a la reina fueron las entrañas de un jabato, y esta mandó que las cocinaran para comérselas.

Blancanieves atravesó el bosque asustada y corrió tanto

como pudo. Estaba atardeciendo cuando vio una casita en la que se refugió. Agotada, entró y descubrió una mesa con siete cubiertos, siete platos y siete vasos, así como siete camas. Se sirvió un poco de comida de cada plato antes de acostarse.

Al anochecer, los propietarios de la casa, los siete enanos que trabajaban en la montaña, volvieron y observaron que alguien había entrado en su hogar. Encontraron a Blancanieves dormida y todos quedaron extasiados ante su belleza. El ruido despertó a la princesa, que les contó lo que le había ocurrido. Entonces, los enanos se ofrecieron a acogerla a cambio de que se ocupara de las tareas domésticas, y Blancanieves aceptó. Al día siguiente, los enanos se fueron a trabajar, no sin antes advertir a la princesa que no dejara entrar a nadie.

En el castillo, la reina volvió a formular ante el espejo la misma pregunta de siempre, entonces se enteró de que Blancanieves no estaba muerta. La reina no descansaría mientras la princesa siguiera viva, por eso se disfrazó de mercadera para ir a casa de los enanos a vender cordones. Blancanieves, que no vio ningún peligro, le abrió la puerta, y la reina, disfrazada de vendedora, le colocó un cordón nuevo en el corpiño del vestido y así la asfixió: «—Ahora ya has dejado de ser la más hermosa —dijo la vieja» (Grimm y Grimm 1985, 147). Al volver del trabajo, los enanos descubrieron a Blancanieves inconsciente y cortaron el cordón que le impedía respirar, con lo que la princesa volvió a la vida. Cuando les contó lo que había sucedido, los enanos le revelaron la identidad de la falsa vendedora.

La reina se dirigió de nuevo a su espejo y supo que la princesa seguía viva. Entonces fabricó un peine envenenado, se disfrazó de anciana y regresó a casa de los enanos. En un primer momento, Blancanieves se negó a dejarla pasar, pero terminó abriéndole la puerta, ya que el objeto llamó su atención. La anciana introdujo el peine entre los cabellos de Blancanieves y esta se desmayó. Poco después, los enanos volvieron de trabajar y enseguida comprendieron lo que había sucedido, así que retiraron el peine del pelo de la niña, que volvió en sí, y le recordaron que no abriera la puerta a nadie.

Cuando el espejo volvió a afirmar que Blancanieves seguía viva, la reina, loca de ira, creó una manzana envenenada con «un aspecto muy hermoso, [...] de tal manera que a todo el que la viera le apeteciera» (Grimm y Grimm 1985, 150). Después, se disfrazó de campesina y se dirigió de nuevo a casa de los enanos. Blancanieves se negó a abrirle y rechazó la manzana, pero la anciana le propuso cortarla en dos: Blancanieves se comería la parte roja, mientras que ella se quedaría con la parte blanca. La princesa, incapaz de resistirse, mordió la parte roja y murió al instante. Por fin, el espejo le aseguró a la reina que ella era la más hermosa.

Cuando los enanos descubrieron a Blancanieves, no pudieron hacer nada para salvarla. Pero era tan bella que no se vieron capaces de enterrarla, así que la colocaron en un féretro de cristal y llevaron su cuerpo a la montaña. También los animales acudieron a rendir homenaje a la princesa muerta.

Un día, un príncipe que pasaba por el bosque descubrió el cuerpo de la princesa y se enamoró de ella inmediatamente.

Los enanos aceptaron confiarle el féretro, entonces el príncipe ordenó a sus sirvientes que transportaran el cuerpo. De este modo, el trozo de manzana atascado en la garganta de Blancanieves se movió, y ella volvió a la vida. El príncipe quiso casarse con ella, así que se organizó la boda. La reina, que había sido invitada, volvió a preguntarle a su espejo, y este le contestó que «la joven reina [era] más hermosa» (Grimm y Grimm 1985, 154). Se dirigió al baile con el corazón dividido entre la curiosidad y la rabia. Allí se vio obligada a llevar unos «zapatos ardiendo como brasas y bailar hasta que cayó muerta al suelo» (Grimm y Grimm 1985, 155).

ESTUDIO DE LOS PERSONAJES

EL REY

Se trata de un personaje secundario, poco visible en la historia. La única información que se da respecto a él es la de sus segundas nupcias. No se dice de forma explícita que esté muerto, pero su ausencia y su no intervención hacen que se suponga.

BLANCANIEVES

Al inicio de la historia, Blancanieves es una niña de siete años cuyo verdadero nombre no conocemos. Solo se la designa con una de sus cualidades físicas: su piel blanca como la nieve. A medida que crece, se va haciendo cada vez más bella, lo que provoca los celos de la reina.

Hay tres colores que se asocian con este personaje: el blanco, el rojo y el negro. En el imaginario colectivo, el blanco remite por lo general a la inocencia y la pureza, dos de las cualidades de este personaje. Incluso cuando la reina es ejecutada durante el baile, la princesa no forma parte de ello, lo que hace que se mantenga pura. En cuanto al rojo, simboliza la sangre, sinónimo de vida, de sacrificio y de menstruación.

Cuando llega a casa de los enanos, estos la advierten sobre su madrastra, pero no sirve de nada. No pueden proteger a Blancanieves de ella misma: sucumbe tres veces a la tentación, ya sea por coquetería o por gula, lo que la conduce a la tragedia. Así, el cuento expone evocadoramente los peligros de hablar con desconocidos.

La manzana envenenada remite también a otras leyendas conocidas. En la Biblia, Adán y Eva muerden una manzana, el fruto prohibido, y ambos son expulsados del paraíso, por lo que la manzana se convierte en símbolo del pecado original. El profundo sueño en el que se sume Blancanieves recuerda al de la naturaleza (además todos los animales vienen a rendirle homenaje). En la Edad Antigua, es también un personaje de una enorme belleza, Perséfone, quien evoca simbólicamente los cambios de estación.

LA REINA

«Orgullosa y soberbia» (Grimm y Grimm 1985, 141), la reina

no soporta no ser la más hermosa del reino y por eso odia a Blancanieves. Se la describe muy negativamente: los enanos la tratan de «impía reina» (Grimm y Grimm 1985, 148) y se la califica de «mujer malvada» (Grimm y Grimm 1985, 148). Aunque la palabra no aparezca en el cuento, se podría identificar a la reina con una hechicera: se mete en una habitación secreta para fabricar una manzana que contiene veneno solo en una de sus mitades. Fijémonos en que su mezquindad hace que la cruel muerte que sufre sea más legítima.

La reina forma con Blancanieves una pareja madre-hija y evoca desde un punto de vista psicológico un conflicto edípico (concepto definido por Sigmund Freud (1858-1939)) como un deseo inconsciente de tener una relación sexual con el progenitor del sexo contrario y matar al progenitor del mismo sexo, considerado como un rival). Aquí, la reina, que cada vez envejece más, ve en la joven princesa una competidora. El espejo, símbolo de su coquetería, le devuelve en forma de imagen la pérdida de su posición dominante en el reino. El final del cuento, que corrobora la eliminación definitiva de la reina, significa que una madre ha de dejar lugar a la felicidad y a la realización de su hija.

EL CAZADOR

Es a quien la reina encarga que lleve a Blancanieves al bosque para matarla: este lugar sombrío aparece a menudo en los cuentos como un lugar de impunidad y de terror donde reina la crueldad de animales y humanos. Pero no es capaz de hacerlo. No obstante, este arrebato de bondad no debe hacer olvidar que de todos modos busca librarse del sentimiento de culpa pensando: «Pronto serás pasto de las alimañas» (Grimm y Grimm 1985, 143).

En lugar del hígado y los pulmones que le pide la reina, le lleva las entrañas de un jabato. Este sacrificio de un animal en lugar de un humano recuerda a otros famosos de la mitología antigua (Ifigenia se libra de la muerte porque la diosa Diana tiene piedad de ella y hace aparecer una cierva a la que matan en su lugar) o de las tradiciones religiosas cristianas, judías y musulmanas (para poner a prueba la fe de Abraham, Dios le manda sacrificar a su hijo Isaac, antes de detenerlo y ofrecerle un carnero como víctima).

LOS SIETE ENANOS

En los cuentos, los enanos aparecen bien como seres simpáticos que ayudan al protagonista (se los califica de «buenos» en *Blancanieves*, Grimm y Grimm 1985, 146), bien como seres maléficos (*Blanca Nieves y Rosa Roja*, cuento de los hermanos Grimm).

Aquí no tienen nombres (al contrario de lo que sucede en la versión de los estudios Disney). Viven en el bosque y trabajan en las montañas extrayendo minerales. Su primer encuentro con Blancanieves tiene lugar en la casa de ellos. En cuanto la ven, quedan embelesados con su belleza: «¡Huy, Dios, mío, huy, huy, Dios mío! —exclamaron— ¡Qué hermosura de niña!» (Grimm y Grimm 1985, 145).

Como están solteros, se encargan de la casa ellos solos antes de la llegada de Blancanieves: el cuento explica cómo habían dejado la mesa puesta y habían preparado la cena. Pero proponen a la joven una especie de contrato equitativo: se puede quedar con ellos si se ocupa de las tareas domésticas. Asimismo, desempeñan un papel de educadores al advertir tres veces a Blancanieves acerca de su madrastra, así como un papel de protectores al salvarla dos veces de la muerte.

EL PRÍNCIPE

Este personaje solo aparece al final de la historia. Es el último salvador de Blancanieves. Cuando descubre el cuerpo de la princesa, se enamora de ella al instante: «[N]o puedo vivir ya más sin ver a Blancanieves; la respetaré y honraré como lo más querido» (Grimm y Grimm 1985, 154). Durante el transporte del cuerpo, la manzana se desencaja de la garganta de Blancanieves, y esta vuelve a la vida. Entonces él se declara: «Te quiero por encima de todas las cosas. Ven conmigo al palacio de mi padre y serás mi mujer» (Grimm y Grimm 1985, 154).

En los cuentos de los hermanos Grimm, las mujeres suelen depender de los hombres. Blancanieves vuelve a la vida porque un hombre se interesa por ella y la besa. Esta dependencia es visible en la sociedad del siglo XIX, la época en la que escriben los hermanos Grimm: las mujeres obtienen su estatus social gracias a sus maridos.

CLAVES DE LECTURA

ESQUEMA ACTANCIAL

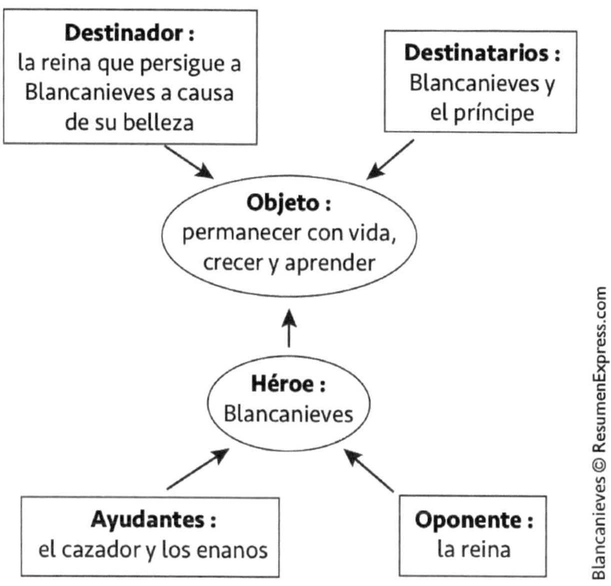

ESQUEMA NARRATIVO

Situación inicial: es el comienzo de la historia, el momento en el que colocamos el decorado y a los personajes, la situación está equilibrada, es decir, que no hay ningún motivo para que evolucione.

- Blancanieves nace de un primer matrimonio del rey; la

nueva reina es la más hermosa del reino.

Elemento perturbador: es un acontecimiento que trastoca la situación inicial y que desencadenará la historia propiamente dicha.

- El espejo informa a la reina de que Blancanieves es la más hermosa; celosa de la niña, ordena al cazador que vaya a matarla al bosque; este último la deja con vida; Blancanieves huye.

Peripecias: son los acontecimientos provocados por el elemento perturbador y que acarrean la o las acciones que el héroe lleva a cabo para resolver el problema.

- Blancanieves se refugia en casa de los enanos; la reina se entera de que Blancanieves no está muerta; intenta matarla una primera vez con un cordón; los enanos la salvan; la reina lo intenta de nuevo con un peine envenenado; los enanos consiguen reanimar a Blancanieves; finalmente consigue asesinar a la princesa con una manzana envenenada; los enanos no pueden salvarla y la colocan en un féretro de cristal.

Desenlace: pone fin a las peripecias y conduce a la situación final.

- Un príncipe ve el cuerpo de Blancanieves y se enamora de ella; el trozo de manzana se desencaja de la garganta de Blancanieves, que revive.

Situación final: es el final del relato; la situación vuelve a ser estable, como la situación inicial, pero ha sufrido transformaciones.

- Blancanieves se casa con el príncipe; la reina acude a la boda y es condenada a un castigo que la lleva a la muerte.

EL GÉNERO DEL CUENTO

El origen de los cuentos se sitúa en las leyendas y las historias maravillosas de la Edad Antigua y de la Edad Media. Estos relatos, concebidos para distraer y construir, se transmitían de forma oral y estaban destinados a los adultos. Es a partir de Charles Perrault (escritor francés, 1628-1703), considerado el fundador de este género, cuando los cuentos comienzan a dirigirse a los niños y se convierten en un género literario.

Blancanieves recoge las características clásicas del cuento.

Desde el punto de vista de la forma:

- el texto es breve;
- algunos de los acontecimientos o frases se repiten para dar un ritmo y una estructura al relato: la reina siempre le hace la misma pregunta a su espejo: «Espejito, espejito, dime una cosa: ¿Quién de estos contornos es la más hermosa?». Esto también permite sacar a relucir los elementos más simbólicos.

Desde el punto de vista del fondo:

- la historia es atemporal: resulta difícil situar cronológicamente los hechos (el relato comienza por «Una vez más,

en medio del invierno» y no hay ninguna referencia a una fecha precisa);
- el país donde se desarrolla la historia es lejano y ficticio, pero cuenta con elementos familiares, como un bosque;
- lo maravilloso interviene: la reina utiliza la magia para envenenar la manzana e interroga a un espejo que habla y evalúa la belleza;
- la historia concluye con una moraleja y un final optimista: Blancanieves ha sobrevivido y encuentra el amor, y su madrastra muere;
- los personajes están estereotipados: desde el punto de vista físico, mencionemos los colores asociados a Blancanieves, los disfraces de la reina para engañar a la princesa, los enanos, etc.; desde el punto de vista de los papeles, cada personaje tiene una misión. La reina es un ser maléfico (verdugo) que quiere matar a Blancanieves (víctima), el cazador le perdona la vida, los enanos la ayudan y le salvan la vida, el príncipe hace que resucite y se casa con ella, etc.

¡Su opinión nos interesa!
¡Deje un comentario en la página web de su librería en línea,
y comparta sus favoritos en las redes sociales!

PARA IR MÁS ALLÁ

EDICIÓN DE REFERENCIA

- Grimm, Jacob y Wilhelm Grimm. 1985. *Cuentos de niños y del hogar*, vol. 1 y 2. Traducido por María Antonia Seijo Castroviejo. Madrid: Ediciones Generales Anaya.

ESTUDIOS DE REFERENCIA

- Carlier, Christophe. 1998. *La Clef des contes*. París: Ellipses.
- BnF, "Il était une fois les contes de fées", 2015. Consultado el 19 de septiembre de 2016. http://expositions.bnf.fr/contes/index.htm
- Pigani, Erik. "Ce que les contes nous racontent". *Psychologies.com*. Consultado el 19 de septiembre de 2016. http://www.psychologies.com/Culture/Philosophie-et-spiritualite/Savoirs/Articles-et-Dossiers/Ce-que-les-contes-nous-racontent
- Rondeau, Catherine. 2011. *Aux sources du merveilleux. Une exploration de l'univers des contes*. Quebec: Presses de l'Université du Québec.
- Sevestre, Catherine. 2001. *Le Roman des contes*. Étampes: Cédis Éditions.

ADAPTACIONES

Blancanieves ha sido objeto de un gran número de adaptaciones. Entre las más célebres y recientes adaptaciones cinematográficas, citamos:

- *Blancanieves y los siete enanitos*. Dirigida por David Hand. Estados Unidos: Walt Disney Animation Studios, 1937. Es el primer largometraje de animación de los estudios Disney y probablemente la adaptación más conocida. Este dibujo animado está inspirado en la historia recogida por los hermanos Grimm, pero se toma algunas libertades respecto a la historia original para crear una versión más dulce y actual: lo que el cazador lleva a la reina es el corazón de una cierva, que ella no devora; solo hay una tentativa de asesinato con una manzana envenenada; Blancanieves ya conocía a su príncipe; la reina muere al caer por los peñascos; incluso el personaje de Blancanieves es diferente, puesto que ya no es una niña, sino una joven.
- *Blancanieves (Mirror, Mirror)*. Dirigida por Tarsem Singh, con Lily Collins y Julia Roberts. Estados Unidos: Rat Entertainment y Relativity Media, 2012.
- *Blancanieves y la leyenda del cazador*. Dirigida por Rupert Sanders, con Kristen Steward y Charliez Theron. Estados Unidos: FilmEngine, Roth Films y Universal Pictures, 2012.

EN RESUMENEXPRESS.COM

- Guía de lectura de *Cuentos de niños y del hogar* de los hermanos Grimm.